El espinosaurio

Lori Dittmer

CREATIVE EDUCATION
CREATIVE PAPERBACKS

semillas del saber

Publicado por Creative Education y Creative Paperbacks
P.O. Box 227, Mankato, Minnesota 56002
Creative Education y Creative Paperbacks son marcas
editoriales de The Creative Company
www.thecreativecompany.us

Diseño de Ellen Huber
Producción de Rachel Klimpel y Ciara Beitlich
Dirección de arte de Rita Marshall
Traducción de TRAVOD, www.travod.com

Fotografías de 123RF (Orla), Getty (Dorling Kindersley), iStock
(Elenarts108, jondpatton, Ieonello), Science Source (Animate4.com,
Animate4.com/Science Photo Library, CARLTON PUBLISHING GROUP,
Mark Garlick/Science Photo Library, MASATO HATTORI), Shutterstock
(Elle Arden Images, Herschel Hoffmeyer, Matis75), ThinkstockPhotos
(azutura, LindaMarieB)

Library of Congress Cataloging-in-Publication Data
Names: Dittmer, Lori, author.
Title: El espinosaurio / Lori Dittmer ; traducción de TRAVOD.
Other titles: Spinosaurus. Spanish
Description: Mankato, Minnesota : Creative Education and Creative
    Paperbacks, [2024] | Series: Seedlings | Includes index. | Audience:
    Ages 4–7 | Audience: Grades K–1 | Summary: "A kindergarten-level
    STEM introduction to the sail-backed dinosaur Spinosaurus, translated
    into North American Spanish. Covers the prehistoric carnivore's
    body structure, diet, and fossil remains and includes a glossary and a
    labeled image guide to the extinct animal's body parts"—Provided by
    publisher.
Identifiers: LCCN 2022048648 (print) | LCCN 2022048649 (ebook) | ISBN
    9781640267312 (library binding) | ISBN 9781682772904 (paperback) |
    ISBN 9781640008960 (ebook)
Subjects: LCSH: Spinosaurus—Juvenile literature. | Dinosaurs—Juvenile
    literature.
Classification: LCC QE862.S3 D58618 2024 (print) | LCC QE862.S3
    (ebook) | DDC 567.912—dc23/eng/20221027

Impreso en China

TABLA DE CONTENIDO

¡Hola,
espinosaurio!

Este dinosaurio vivió
hace mucho tiempo.

En esa época, también vivían el *iguanodonte* y el *tricerátops*.

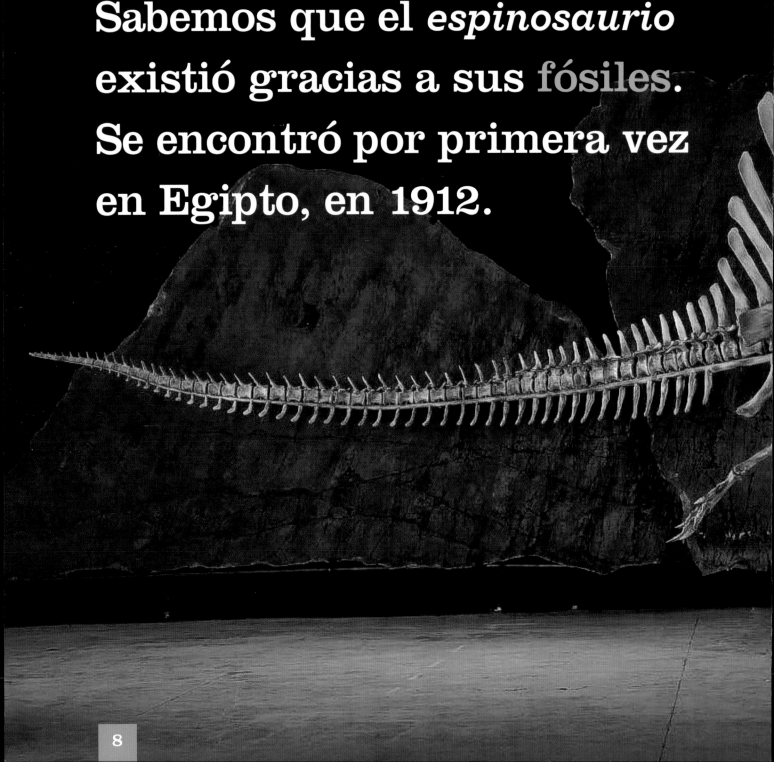

Sabemos que el *espinosaurio* existió gracias a sus fósiles. Se encontró por primera vez en Egipto, en 1912.

Espinosaurio significa "lagarto con espina". Su espina salió de su espalda.

¡Sus huesos formaban una vela tan alta como un humano adulto!

¡El enorme *espinosaurio* era más largo que un autobús escolar! Caminaba en dos patas.

Probablemente, nadaba en los ríos, también. Su cola tenía forma de remo.

El *espinosaurio* comía carne, incluso peces.

Con su hocico largo
y angosto, atrapaba
la comida.

El *espinosaurio* caminaba sobre la tierra.

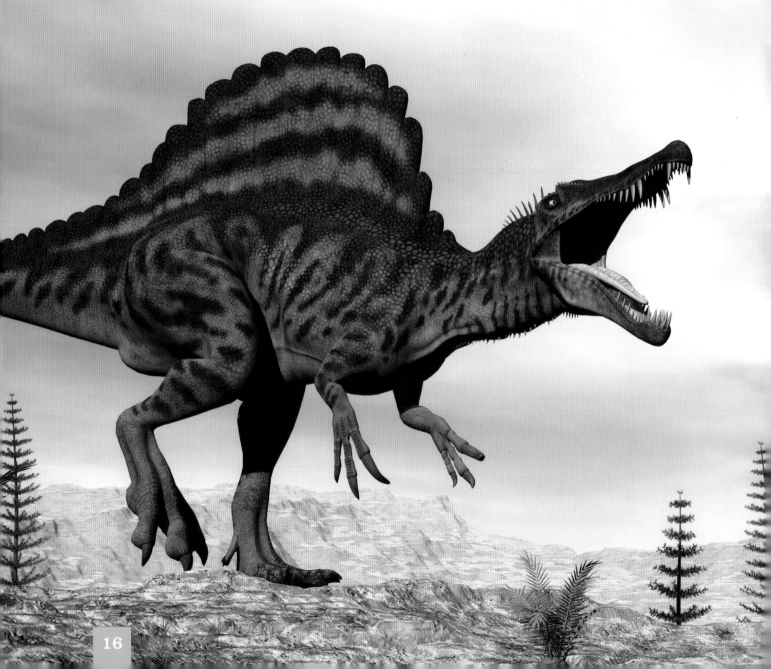

Se fue al agua.

Y cazaba su comida.

¡Adiós, espinosaurio!

Imagina un *espinosaurio*

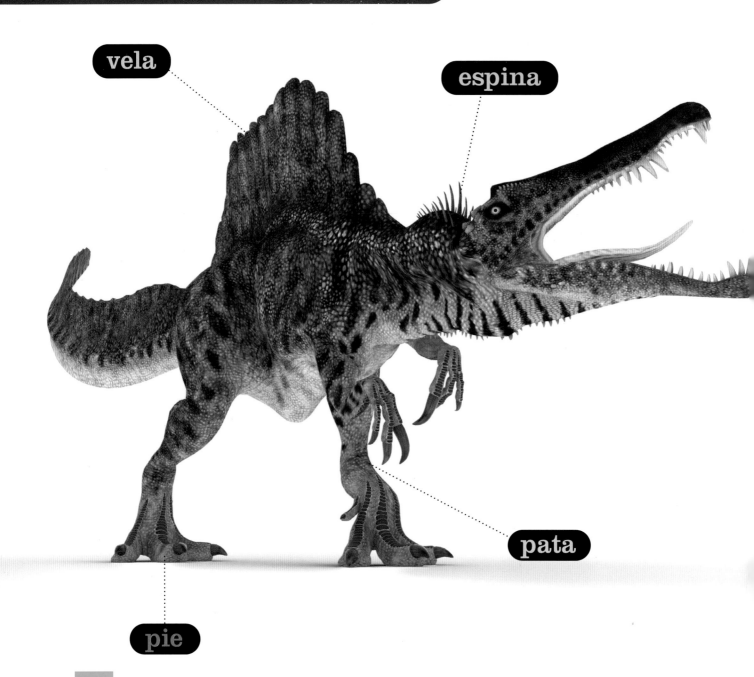

vela

espina

pata

pie

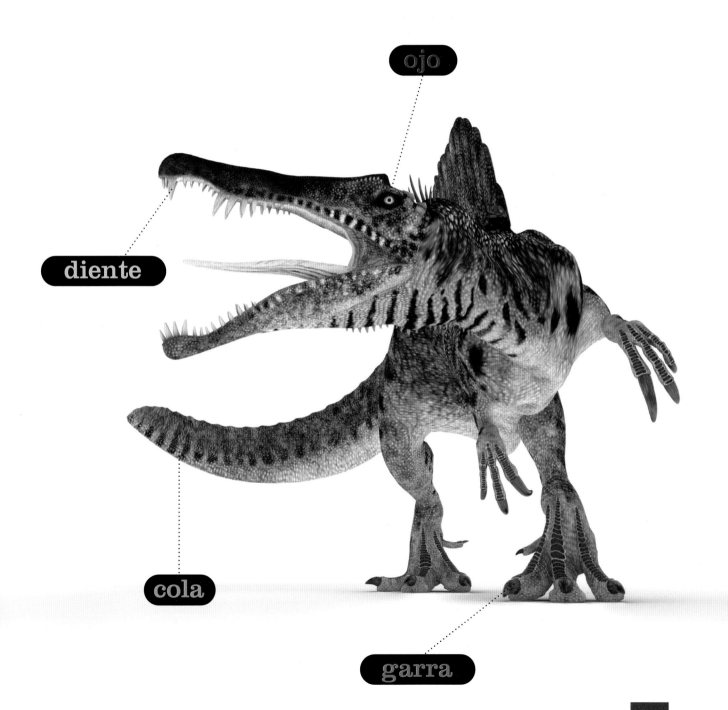

ojo

diente

cola

garra

21

Palabras que debes conocer

espina: una proyección grande de huesos

fósil: el hueso o rastro de algún animal de hace mucho tiempo que puede encontrarse en algunas rocas

hocico: la parte de la cara de un animal que sobresale e incluye la nariz y la boca

remo: poste corto con una parte ancha y plana al final

Índice